PUEDO SER
POLICIA

por Catherine Matthias

Preparado bajo la dirección de Robert Hillerich, Ph.D.

Traductora: Lada Josefa Kratky
Consultante: Dr. Orlando Martinez-Miller

 CHILDRENS PRESS®

CHICAGO

Library of Congress Cataloging-in-Publication Data

Matthias, Catherine.
  Puedo ser policia.

  Traducción de: I can be a police officer.
  Resumen: El texto sencillo y las ilustraciones describen el
oficio de policia.
  1. Policia—Literatura juvenil. [1. Policia]
I. Titulo. II. Titulo: Policia.
HV7922.M37 1984   363.2'o23'73   84-12106
ISBN O-516-31840-3 Library Bound
ISBN O-516-51840-2 Paperbound

DICCIONARIO ILUSTRADO

motocicleta

huella digital

helicóptero

propiedad

ley

escuela secundaria

agente de policía

universidad

gente

estación de policía

agentes de policía

computadora

radio de policía

archivos

uniforme

detective

accidente

arresto

multa

indicio

propiedad robada

examen

desconocido

drogas

alcohol (bebida)

Los agentes de policía trabajan mucho. Cuidan a la gente y la propiedad. Ayudan a la gente que está en dificultad.

Los agentes de policía
ayudan a la gente. Cuidan
a la gente y la propiedad
en su ciudad o pueblo.

propiedad

agente de policía

gente

Los agentes de policía
trabajan mucho. Trabajan
de día y de noche. A
cada hora del día o de la
noche, la policía trabaja
para proteger a la gente.

Los agentes de policía en Acapulco, México (arriba, a la izquierda), San Marino, Italia (arriba, a la derecha) y Londres, Inglaterra (abajo) usan uniformes.

Todos los países del
mundo tienen policía.
Todos los policías tratan
de ayudar a la gente que
está perdida o que se
encuentra en dificultades.

agentes de policía

Todos los policías
tratan de prevenir que
la gente viole la ley.
Todos los policías tratan
de capturar al que haya
violado la ley.

ley

Los policías usan diferentes tipos de transportación para hacer su trabajo.

A los policías nuevos les dicen "rookies" o novatos. Los policías mayores les enseñan a los novatos más acerca de su trabajo.

Algunos agentes de policía viajan en carros o en motocicletas. Algunos viajan en helicópteros o en botes. Otros montan a caballo o van a pie.

La mayoría de los agentes de policía trabajan en equipos de dos o más, para que se protejan.

motocicleta

helicóptero

Los agentes de policía son llamados en casos de accidentes.

Cuando la gente necesita
ayuda, llama a la policía.
Si hay un accidente, la
policía ayuda. Si hay un
incendio, la policía ayuda.
Si algo ha sido robado,
la policía ayuda a
encontrarlo. ¿Se te ocurren
otras maneras que la
policía ayuda a la gente?

accidente

propiedad
robada

La policía en Chicago (arriba) y en Bahrain (abajo)
dirige el tránsito en las calles de la ciudad.

Hay muchos diferentes trabajos en el departamento de policía. Algunos agentes de policía trabajan en las calles donde hay mucho tránsito y lo mantiene en movimiento. Les dan multas a los conductores que violan la ley.

multa

Una agente de policía (arriba) le muestra a un joven ciclista cómo se señala con la mano si va a doblar a la izquierda. Un policía (abajo) enseña reglas de seguridad a una clase del kindergarten.

Algunos agentes de policía trabajan con los jóvenes. Hablan en las escuelas sobre cómo deben protegerse. Les hablan a los estudiantes de lo que les puede pasar si toman drogas o beben alcohol. Les dicen a los estudiantes lo que les puede pasar si se van con algún desconocido. Tratan de enseñarles a los jóvenes a no violar la ley.

drogas   alcohol
           (bebida)

desconocido

La policía trabaja a menudo con los jóvenes.

Algunos agentes de policía ayudan a los jóvenes que han violado la ley. Tratan de ayudarlos para que no lo hagan otra vez, y a sentirse mejor.

En las ciudades grandes, muchos agentes de policía trabajan sólo en las estaciones de policía. Algunos contestan el teléfono.

Los agentes de policía en la estación (izquierda) envían llamadas de auxilio a los agentes en la calle (arriba).

Usan radios para enviar llamadas de auxilio a los agentes en la calle. Estos agentes van a la gente que necesita ayuda.

estación de policía

computadora radio de policía archivos

estación de policía

17

Los agentes en el laboratorio de policía buscan indicios que ayudarán a resolver crímenes.

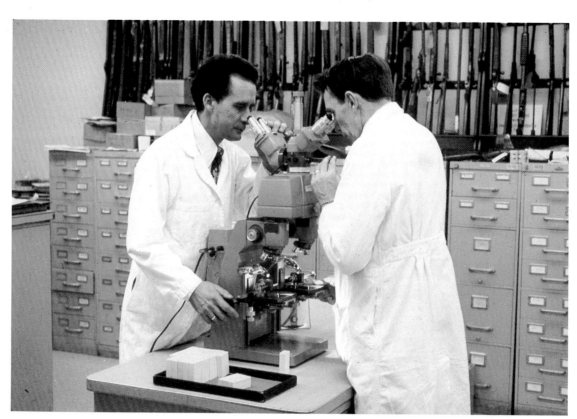

computadora radio de policía

Otros agentes en la
estación de policía
mantienen en orden
los archivos y manipulan
las computadoras. Otros
trabajan en los
laboratorios científicos
de la policía.

detective

Algunos departamentos
de policía tienen agentes
de policía especiales
llamados detectives.

Un detective habla
con los reporteros.

uniforme

huellas digitales

Los detectives no usan
uniformes. Trabajan con
agentes en uniforme para
buscar a la gente que ha
violado la ley. Buscan
indicios y huellas digitales.
Hablan con la gente.

Hacen preguntas. ¿Vio
alguien al infractor?
¿Puede alguien describir
la persona al agente?

agentes de policía

Los detectives y los
agentes de policía deben
saber interpretar los
indicios para poder
encontrar al infractor y
asi poder arrestarlo.
A hacer un arresto les
llaman "capturarlo" o
"ponerle el collar."

arresto

indicio

Los agentes de policía aprenden a disparar en la academia de la policía.

Los agentes de policía deben ser fuertes. Deben saber pensar y moverse rápidamente.

El trabajo de la policía
es duro y peligroso. Los
agentes de policía deben
ser fuertes y tener buena
salud. Deben saber
cuidarse. Deben aprender
a luchar. Deben aprender
a disparar.

escuela secundaria

universidad

Todos los agentes de policía han terminado la escuela secundaria. Algunos han asistido a la universidad. Van a la academia de la policía para aprender las leyes y cómo ayudar a la gente.

¿Quieres ser agente de
policía? Si lo quieres,
empieza ahora mismo.
Necesitas estudiar mucho.
Necesitas mantenerte
fuerte. Necesitas aprender
a trabajar bien con otros.

Después de terminar la
escuela puedes tratar de
conseguir un trabajo con
la policía. Todos los
departamentos de policía
quieren a las mejores
personas para el trabajo.
Primero, te darán exámenes.
Quieren saber lo listo que
eres. Quieren saber lo
bien que trabajas con otras
personas. Quieren saber si
eres bastante fuerte para
hacer el trabajo duro que

examen

En la academia de la policía aprenderás acerca de las diferentes leyes.

debe hacer un agente
de policía.

Si pasas todos los
exámenes, puedes asistir a
la academia de la policía
y aprender más acerca
del trabajo.

¿Quieres ayudar a la
gente? ¿Estás dispuesto
a trabajar mucho? Si
estás dispuesto, algún
día podrás ser un
agente de policía.

PALABRAS QUE DEBES SABER

accidente—algo que pasa sin haberse planeado, a menudo porque una persona no ha tenido cuidado. En la mayoría de los accidentes, la gente resulta herida o las cosas son dañadas.

arresto—detener o capturar a una persona por razones legales

detective—agente de policía que no usa uniforme y que trata de averiguar y probar quién violó la ley cuando no se sabe por seguro quién es el infractor

drogas—medicinas que pueden ser buenas para la gente cuando son recomendadas por un médico; si se toman sin las órdenes de un médico, las drogas pueden hacer tanto daño que hasta pueden matar a una persona

examen—manera de averiguar lo bien que alguien hace algo

huellas digitales—las pequeñas líneas en las yemas de los dedos. Si alguien toca algo, a menudo las huellas digitales quedan en el objeto. Cada huella digital es diferente de cualquier otra; no hay dos personas en el mundo que tengan las mismas huellas digitales.

indicios—cosas que ayudan a los agentes de policía a averiguar quién violó la ley; generalmente se hallan cerca del lugar donde se violó la ley

ley—una regla o una serie de reglas que la gente decide que son buenas para todos los miembros de un grupo o de un país

multa—forma impresa que un policía llena que indica la manera en que el agente vio a alguien violar la ley

países—tierras o naciones donde vive la gente. Los países individuales en la tierra incluyen los Estados Unidos, el Canadá, México, Rusia, el Japón y muchos más.

propiedad—cualquier cosa que pertenece a alguien, como ropa y juguetes o carros y casas

radio de policía—cosa usada para enviar mensajes por el aire a otra radio

tránsito—el número de carros, motocicletas, camiones, gente u otras cosas en movimiento que pasan por cierto lugar a cierta hora

uniforme—la ropa usada por los miembros de cierto grupo. La policía usa uniformes para que la gente sepa que son realmente agentes de policía. Los soldados, marineros, enfermeras y los miembros de una banda usan sus propios uniformes especiales.

INDICE

academia de la policía, 24, 27
accidente, 11
archivos, 19
arrestar, 21
bebida, alcohol, 15
botes, 9
caballos, 9
carros, 9
computadoras, 19
desconocidos, 15
detectives, 19-21
drogas, 15
equipos (de policía), 9
escuela secundaria, 24

estación de policía, 16, 19
exámenes, 26, 27
hablar con los estudiantes, 15
helicópteros, 9
huellas digitales, 20
incendio, 11
indicios, 20, 21
infractores, 7, 21
jóvenes, 15, 16
laboratorios de ciencia, 19
laboratorios (policía), 19
ley, 7
llamadas (policía), 17

motocicletas, 9
multas, 13
países (policía en otros), 7
radio de policía, 17
robada (propiedad), 11
teléfono, 16
trabajos en el departamento de policía, 5, 13-21
trabajos (policía), 5, 13-21
tránsito, 13
uniformes, 20
universidad, 24
violar la ley, 7, 13, 20

SOBRE LA AUTORA

Catherine Matthias se crió en un pequeño pueblo al sur de Nueva Jersey. De niña le gustaba nadar, andar en bicicleta, la gustaba la nieve y los animales pequeños. *Wind in the Willows* y *The Little House* fueron sus libros favoritos.

Empezó a escribir cuentos para niños mientras trabajaba como maestra en una escuela preescolar en Filadelfia. *Puedo ser un policía* es su quinto libro para Childrens Press.

Catherine vive ahora con su familia en la costa de Oregon, donde se dedica a trabajar en el jardín, a caminar, a la neblina, al viento y al océano.